DES DOUBLES EMPLOIS

DANS

L'ÉVALUATION DES BIENS

EN FRANCE

PAR

F. DE COLONJON

DIRECTEUR DE L'ENREGISTREMENT ET DU TIMBRE
DU DÉPARTEMENT DE LA SEINE

Extrait du « Journal de la Société de Statistique de Paris »
(N° 7. — JUILLET 1903)

NANCY

IMPRIMERIE BERGER-LEVRAULT ET Cie

18, RUE DES GLACIS, 18

1903

DES DOUBLES EMPLOIS

DANS

L'ÉVALUATION DES BIENS

EN FRANCE

PAR

F. DE COLONJON

DIRECTEUR DE L'ENREGISTREMENT ET DU TIMBRE
DU DÉPARTEMENT DE LA SEINE

Extrait du « Journal de la Société de Statistique de Paris »
(Nº 7. — JUILLET 1903)

NANCY

IMPRIMERIE BERGER-LEVRAULT ET Cⁱᵉ

18, RUE DES GLACIS, 18

1903

DES DOUBLES EMPLOIS

DANS

L'ÉVALUATION DES BIENS

EN FRANCE

___

OBSERVATIONS PRÉLIMINAIRES.

___

MES CHERS COLLÈGUES,

Avant d'aborder l'étude de cette question, il me semble utile de rappeler très brièvement les termes et les classifications juridiques dont je vais me servir.

Les biens, vous le savez, sont les choses qui sont de nature à donner à l'homme quelque avantage et à devenir l'objet d'une propriété exclusive, publique ou privée.

Les biens sont corporels ou incorporels ; le Code civil les divise en immeubles et en meubles. Ils appartiennent aux êtres humains ou aux personnes morales.

Parmi les personnes morales, l'État, les départements et les communes ont un patrimoine comprenant deux parties : l'une appelée le domaine public, l'autre le domaine privé.

Les biens du domaine public, tant que dure cette destination, sont hors du commerce, tandis que ceux du domaine privé sont susceptibles d'appropriation.

Tous les biens qui sont dans le commerce peuvent rentrer dans un patrimoine quelconque de personnes physiques ou morales.

OBJET ET BASES DE NOTRE ÉTUDE.

Nous ne sommes pas à même d'établir, avec une approximation suffisante et les distinctions nécessaires, la consistance et l'évaluation des biens possédés, d'un côté par l'ensemble des personnes physiques et d'un autre côté par les personnes morales groupées, comme il serait utile, en diverses catégories.

En présence des difficultés que présenterait ce travail fort long et très compliqué, il y a lieu, semble-t-il, de rechercher purement et simplement quels sont les immeubles et les meubles se trouvant dans le commerce, sans en faire aucun classement par rapport à la qualité de leurs possesseurs.

Pour les immeubles, nous avons des évaluations générales de la propriété bâtie et non bâtie.

Pour les meubles, quantité de documents permettent d'obtenir l'estimation de certains biens, notamment des plus importants, tels que les valeurs mobilières françaises et étrangères. Nous avons aussi des évaluations approximatives des créances, des dépôts dans les banques, des livrets de caisse d'épargne, du numéraire, etc. Enfin, nous pouvons hasarder quelques chiffres relativement aux fonds de commerce, aux offices, etc.

C'est l'objet du relevé suivant :

RELEVÉ ET ESTIMATION DE BIENS, DANS LE COMMERCE, EN FRANCE.

DÉSIGNATION DES BIENS.

§ 1er. — *Valeurs mobilières françaises.*

Estimation approximative.

Millions de francs.

			Estimation
À revenu fixe.	Fonds d'État français	26 000	
	Emprunts dans les villes.	2 000	
	Obligations foncières et communales	4 500	49 500
	— de chemins de fer.	15 500	
	— de sociétés industrielles.	1 500	
À revenu variable.	Actions des compagnies de chemins de fer.	5 000	
	— des sociétés financières	2 500	13 300
	— — industrielles.	5 000	
	— des compagnies d'assurances	800	
Valeurs mobilières françaises non négociables à la Bourse de Paris			3 500
Parts d'intérêt dans les sociétés de personnes (en nom collect., command. simple).			(Mémoire.)
	Totaux des trois groupes.		66 300

§ 2. — *Valeurs étrangères possédées par des Français.*

	Estimation
Effets publics étrangers. — Obligations des sociétés et villes. — Actions des sociétés. — Parts d'intérêt, en bloc	27 000

§ 3. — *Autres biens meubles en France.*

Créances	30 000	
Dépôts dans les banques	2 500	
Caisse d'épargne et de retraite.	4 000	
Assurances sur la vie	2 000	
Numéraire.	6 500	58 200
Offices	1 200	
Fonds de commerce	3 000	
Propriété artistique et littéraire	»	
Meubles corporels.	9 000	
Report. { Valeurs mobilières françaises		66 300
Report. { Valeurs étrangères.		27 000
Total des valeurs mobilières.		151 500
Immeubles urbains.	57 000	
— ruraux.	89 000	
Total des valeurs immobilières.		146 000 (1)
Total général.		297 500 (2)

(1) Évaluation de l'administration des contributions directes.

(2) Les chiffres mentionnés sur ce relevé sont très approximatifs. Je ne les ai fournis que pour donner une idée de ce que peut représenter l'importance des biens qui sont dans le commerce. En tout cas, les totaux ne doivent pas être retenus comme estimation de la fortune des particuliers, puisque ces biens appartiennent en partie aux personnes morales. En outre, et c'est là le motif principal, la totalisation serait contraire aux règles que je trace et à mes conclusions.

De C.

Les biens qui figurent dans ce relevé sont nécessairement la propriété de quelqu'un. Ceux qui seraient vacants et sans maître appartiendraient à l'État (C. civ., 713) et dépendraient de son domaine privé.

Étant donné que les immeubles et les meubles, dont la liste a été dressée, sont possédés par des personnes soit physiques, soit morales et qu'ils sont dans le commerce, nous sommes à même, d'après ces bases, de nous livrer à l'examen des doubles emplois dans l'évaluation des biens en France.

A cet effet, nous étudierons si, pour établir le compte de la fortune de l'ensemble des particuliers, on doit y comprendre les biens de toute nature qu'ils peuvent posséder ou si, au contraire, certains retranchements sont à opérer.

Nous signalerons en même temps différentes déductions dont seraient susceptibles les patrimoines des personnes morales.

Nous n'avons pas, je le répète, à déterminer la nature et à fixer l'importance des biens à comprendre dans les divers groupements dont il s'agit. Notre rôle se borne à indiquer les doubles emplois à éviter et certaines règles à suivre pour accomplir avec exactitude cet important travail de statistique.

BIENS POSSÉDÉS PAR LES PERSONNES PHYSIQUES.

Immeubles.

Pour l'évaluation des immeubles nous disposons de divers documents publiés par le Ministère des finances :

1° L'estimation des propriétés bâties et non bâties ;

2° La statistique des biens compris dans les déclarations de successions.

Mais l'administration des contributions directes a compris dans son relevé tous les immeubles autres que ceux faisant partie du domaine public national, départemental et communal. Par conséquent, si nous ne nous occupons que des biens des particuliers, nous devons retrancher de l'estimation qui a été faite ce qui s'applique au domaine privé de l'État, des départements et des communes et au patrimoine immobilier des autres personnes morales, telles que les établissements publics, les associations et les sociétés.

Quant à l'annuité successorale, elle semble, au premier abord, permettre de limiter l'évaluation à la fortune des personnes physiques. Mais les imperfections connues de ce procédé obligent de rechercher de meilleurs moyens afin d'opérer avec plus de sûreté.

En tout cas, il est nécessaire d'éviter soigneusement les doubles emplois qui proviendraient de ce que les immeubles appartenant aux personnes morales figurent dans l'estimation des patrimoines des particuliers.

D'un autre côté, le Code civil range parmi les immeubles par destination les meubles corporels affectés par le propriétaire d'un fonds au service et à l'exploitation de ce fonds (art. 524). Or, dans les évaluations fournies, notamment en matière d'enregistrement, aucune distinction n'existe à ce sujet. Aussi, quand on procède à l'estimation des immeubles, risque-t-on de comprendre des biens qui seraient classés dans la catégorie des meubles corporels.

Meubles.

Nous avons à rappeler, tout d'abord, l'observation faite à propos des immeubles par destination et ensuite ce qui a été indiqué au sujet du patrimoine des personnes morales. A ce double point de vue, des précautions semblables, pour ne pas compter deux fois les mêmes choses, sont à prendre aussi bien pour les meubles que pour les immeubles.

Il n'y a rien de spécial à dire des meubles corporels, si ce n'est que la quantité et la valeur de beaucoup sont très difficiles à apprécier.

Quant aux meubles incorporels, nous les diviserons en deux groupes.

Dans le premier, nous rangerons ceux qui ont une valeur propre et indépendante de tout passif grevant un patrimoine quelconque, par exemple : les offices, la propriété artistique et littéraire, les péages, les fonds de commerce, les clientèles de certaines professions, etc.

Une observation est à présenter au sujet des fonds de commerce qui sont considérés comme une universalité juridique comprenant : l'achalandage, le droit au bail, le matériel et les marchandises. Ces divers éléments sont les uns incorporels et les autres corporels. A propos de cette nature de biens, qui a une très grande importance, il est indispensable de veiller à ce qu'on n'ajoute pas à la valeur totale des fonds de commerce celle de différents biens en faisant partie.

Les meubles incorporels placés dans notre second groupe ne peuvent être envisagés comme valeur active de la fortune de leur possesseur sans tenir compte, en même temps, de la contre-partie égale et nécessaire dans le passif d'autrui. Ils comprennent notamment les obligations de sommes, les rentes sur l'État et sur les particuliers, les actions et les parts d'intérêt, etc. Ces biens meubles par la détermination de la loi (C. civ., art. 529) représentent, depuis un certain temps, une portion considérable et grandissante de la fortune générale dans notre pays. Il importe cependant de ne pas l'exagérer et de chercher à l'évaluer aussi exactement que possible en prévenant avec attention les erreurs, spécialement celles en trop, qu'on est plutôt exposé à commettre.

La fortune immense, composée des meubles incorporels dont il s'agit, sera la base principale sur laquelle portera notre étude divisée, pour cet objet, en deux parties :

1° Créances des particuliers sur les particuliers ;

2° Créances des particuliers sur des personnes morales.

PREMIÈRE PARTIE.

CRÉANCES DE PARTICULIERS SUR DES PARTICULIERS.

Nous allons choisir l'exemple le plus simple. A emprunte à B une somme de 1 000 fr. Au moment où le prêt est réalisé, 1 000 fr. sortent du patrimoine de B et y sont remplacés par une créance de pareille somme sur A. Le patrimoine de B n'a donc rien perdu de son importance, et a changé seulement sous le rapport de sa composition.

A, emprunteur, a reçu 1 000 fr... Toutefois, sa fortune grossie, d'un côté, des deniers par lui empruntés, se trouve, d'un autre côté, diminuée d'une somme égale, montant de sa dette envers B. Là, encore, pas de modification autre que celle des biens constituant la fortune de A ; l'actif net n'a pas varié.

Si, au lieu d'un prêt, l'obligation a pour cause une transmission de biens, on constate une situation semblable à la précédente. Ainsi A a acquis de B une chose moyennant le prix de 1 000 fr., exigible à terme. La chose aliénée est sortie du patrimoine de B où elle est remplacée par la créance de ce dernier sur A. Les biens de A, augmentés de la chose achetée par lui, sont grevés de la dette de 1 000 fr. envers B, représentant le prix non payé de l'acquisition de cette chose.

Évidemment, au moment de la réalisation du prêt ou de la vente, ni le créancier ou le vendeur, ni le débiteur ou l'acheteur, ne se sont enrichis ou appauvris.

Ultérieurement, le débiteur emploiera, à son gré, la somme empruntée, conservera ou revendra la chose acquise. Mais pour déterminer la valeur nette de son patrimoine, il faudra toujours en retrancher, tant qu'il ne se sera pas libéré, le montant du prêt ou du prix restant dû, ce qui formera la contre-partie de la créance du prêteur ou du vendeur.

Par conséquent, si nous avons à totaliser la valeur nette des deux patrimoines de A et de B, la créance et la dette s'annulent. Il ne subsistera, à propos de l'emprunt ou de la vente, que la somme empruntée ou la chose achetée précédemment dans le patrimoine de B, et qui sont passées dans le patrimoine de A, où elles seront comptées. Si donc notre évaluation porte sur l'ensemble des biens possédés par les particuliers français domiciliés en France, on doit, pour déterminer leur actif net, compenser les créances et les dettes ou, plus simplement, ne pas tenir compte des créances qui ont nécessairement pour contre-partie une dette correspondante grevant les biens des débiteurs.

CRÉANCES DES PARTICULIERS SUR DES FRANÇAIS DANS LES COLONIES.

Dans le cas où les biens français sont évalués séparément, il y a lieu d'y comprendre comme actif net les créances et d'inscrire au passif les dettes qui, les unes et les autres, ont une contre-partie dans les patrimoines coloniaux.

CRÉANCES DES PARTICULIERS SUR DES ÉTRANGERS.

Si les étrangers sont domiciliés en France, les biens qu'ils y possèdent figurent dans la masse des biens français. Il en résulte que la règle générale de la compensation des créances et des dettes est alors applicable.

Mais si le Français est créancier d'un débiteur domicilié à l'étranger, la créance constitue une valeur nette pour la France, parce que le passif correspondant n'est plus dans notre pays, mais à l'étranger.

Il faudrait inversement retrancher de la valeur des biens français la dette d'un de nos nationaux au profit d'une personne domiciliée à l'étranger.

DEUXIÈME PARTIE.

CRÉANCES DES PARTICULIERS SUR DES PERSONNES MORALES.

Le patrimoine des personnes morales étant distinct de celui des personnes physiques, la compensation ne peut s'opérer entre les créances et les dettes s'appliquant à des fortunes qui ne sont pas l'objet d'une évaluation unique.

D'ailleurs la créance sur une personne morale, bien que constituant un actif net pour le créancier, n'est pas toujours à compter dans l'estimation de l'ensemble des biens des personnes physiques.

Nous examinerons cette question complexe d'après les classification et ordre suivants des personnes morales :

1re catégorie : État, départements et communes ;

2e catégorie : Établissements publics et d'utilité publique et Associations diverses;

3e catégorie : Sociétés.

PREMIÈRE CATÉGORIE.

CRÉANCES DES PARTICULIERS SUR LES PERSONNES MORALES DE LA PREMIÈRE CATÉGORIE.

§ 1er. — Créances sur l'État.

I. — *L'État emprunteur est un intermédiaire entre les prêteurs et les débiteurs réels qui sont les contribuables.*

L'État a, nous le savons, un domaine public et un domaine privé ; nous ne cherchons pas à en fournir la consistance et l'évaluation. Nous n'avons pas davantage à établir le relevé des immenses charges de la nation.

Pour faire face à ses besoins, l'État a surtout recours à l'impôt. Il est donc soumis à des règles différentes de celles qu'ont à suivre les particuliers pour l'administration de leur fortune.

Ses biens ne sont aucunement le gage commun de ses créanciers. L'article 2093 du Code civil ne lui est pas applicable. On n'établit pas, pour l'État, un bilan dans lequel figure, par *doit* et *avoir*, d'un côté, la désignation et la valeur des biens qu'il possède, et, de l'autre, l'indication et l'importance, en capital, des charges dont cet actif se trouverait grevé. Ce bilan, si on cherchait à le préparer, serait absolument vain, puisque les biens n'auraient aucune corrélation avec le passif.

L'État n'est qu'un débiteur apparent. Ses dettes sont supportées par les contribuables. Il joue un rôle d'intermédiaire entre ces derniers et ses propres créanciers. On estime donc que, du moment où les charges nationales sont assumées par les contribuables, il suffit d'établir le compte des dépenses et des recettes annuelles.

Les dépenses sont occasionnées, d'abord, par les arrérages et les intérêts de la dette et, ensuite, par les frais d'exécution des nombreux et importants services publics.

Les recettes comprennent les produits, surtout de l'impôt, puis des monopoles et enfin du domaine, dans une faible mesure.

Le budget ne peut donc être comparé à un bilan de société ; il présenterait plutôt une certaine analogie avec un compte de profits et pertes établi par avance et prévision au lieu de s'appliquer à un exercice clos.

Le créancier de l'État possède certainement, à raison de son titre de rente par exemple, une véritable richesse. Mais comment l'État débiteur peut-il satisfaire à ses engagements envers ce créancier ?

On n'inscrit au budget que les arrérages à solder et c'est l'impôt qui permet d'effectuer ce paiement. Quant au capital de la dette, il n'y apparaît pas ; il faut une opération extrinsèque pour le calculer. Dans les écritures aucune ressource spéciale n'est dès lors affectée à en former la contre-partie. Mais, en cas de remboursement, les ressources spéciales employées à cet effet proviendraient encore des contribuables.

En définitive, si on établissait l'évaluation totale du patrimoine de tous les redevables du Trésor, pour en faire ressortir l'actif net, il y aurait lieu de retrancher de l'actif brut tout ce que l'État a emprunté, en obligeant ceux qui payent l'impôt à exécuter ses engagement personnels.

II. — *Créanciers de l'État.*

Les créanciers de l'État comprennent des personnes physiques et morales en France, dans les colonies et à l'étranger.

Si les redevables du Trésor étaient tous créanciers, la compensation entre la créance et la dette se concevrait sans difficulté. Mais des hésitations sur la solution à adopter peuvent provenir de ce que les créanciers ne sont pas tous contribuables, comme aussi de ce que des contribuables ne sont pas créanciers.

Les difficultés à ce sujet ont un lien intime et forcé avec celles que soulève la situation des contribuables débiteurs réels des obligations de l'État. Nous allons examiner en même temps ces questions essentiellement connexes.

III. — *Contribuables débiteurs réels des obligations contractées par l'État.*

Quels sont les contribuables obligés de supporter les dettes de l'État ? Tous les nationaux et les étrangers résidant ou domiciliés en France, ou propriétaires de biens dans notre pays.

Mais, remarquons-le, les possesseurs de biens ne sont pas les seuls redevables du Trésor. Les taxes de consommation, notamment, n'impliquent pas chez ceux qui les payent un avoir quelconque. Une foule de gens n'ont aucune fortune et vivent du produit de leur travail, et sont imposés à l'occasion seulement de leurs dépenses.

Or, parmi les biens des personnes physiques, nous ne mentionnons pas les produits capitalisés du travail. Cependant, ces produits dépassent certainement, en France, le revenu de la richesse acquise. En tout cas, les ressources d'un grand nombre de personnes comprennent ce que rapportent à la fois leurs biens et leur travail et même le travail seul.

Doit-on, dès lors, imputer sur la valeur des biens appartenant à une partie de la population les charges de l'impôt supporté par tous ?

Quantité de propriétaires d'immeubles ou de meubles ont un actif inférieur à leur passif. Néanmoins, nous avons fait figurer dans notre relevé tout ce qu'ils possédaient. Mais, au lieu d'examiner la situation de fortune de chacun d'eux, nous avons groupé tous les biens par nature et, afin d'établir pour l'ensemble un compte en valeur nette, nous avons conclu à la compensation des créances et des dettes.

Appliquons ce raisonnement et cette manière d'opérer à ceux qui, n'étant pas au-dessous de leurs affaires, n'ont cependant aucun patrimoine. Bien que n'ayant rien à leur actif, ils n'en sont pas moins tenus de faire face, au moyen de l'impôt, à la part de dette nationale qui leur incombe. De sorte que nous aboutissons à ce résultat que les créances sur l'État ont nécessairement pour contre-partie la dette de tous les contribuables sans exception. De l'estimation générale des biens nous devons donc faire disparaître l'ensemble des créances compensées par une dette corrélative à la charge de tous les contribuables.

Par conséquent, les 26 milliards, environ, représentant le capital de la rente française, constituent bien une richesse pour les crédirentiers, mais de même que pour les créances des particuliers sur des particuliers, ils ne doivent pas être comptés dans l'évaluation totale et nette des fortunes appartenant à ceux qui payent l'impôt.

Pour rendre notré argumentation plus saisissante et plus décisive encore, examinons les modifications qu'entraîne dans la composition des patrimoines la création de l'obligation de l'État et ensuite son extinction.

IV. — *Modifications produites dans la composition des patrimoines au moment des emprunts d'État.*

Lors de l'emprunt, les prêteurs prennent dans leur patrimoine l'argent qu'ils mettent à la disposition de l'État. A la place de la somme versée, ils possèdent le titre de leur créance, ils ne se sont donc ni appauvris, ni enrichis. La consistance seule de leur fortune a été modifiée.

Quant à l'État, il reçoit une somme en numéraire et, en échange, remet un titre de la dette publique.

C'est une situation semblable à celle que nous avons fait ressortir à propos des créances et des dettes des particuliers.

Toutefois, pour l'État, les fonds qui lui ont été versés ne sont pas destinés à augmenter l'importance de son patrimoine, qui, du reste, n'est pas le gage de ses créanciers, mais à solder des dépenses déjà faites ou à faire dans l'intérêt de la Nation. Aussi n'agit-il, nous le savons, que comme intermédiaire entre les capitalistes et les contribuables. Par conséquent, si nous évaluons l'ensemble des biens appartenant aux redevables du Trésor, au nombre desquels figurent, d'ailleurs, les créanciers de l'État, nous devons admettre que la créance et la dette s'annulent forcément.

Mais comment, dira-t-on, se fait-il qu'une somme, qui était comprise dans le patrimoine des prêteurs, puisse disparaître sans qu'il semble en rester trace et par un simple jeu d'écritures ? Où se trouve-t-elle ?

Quand il s'agit d'un prêt consenti par un particulier, nous avons admis la compensation. Néanmoins, cette annulation opérée, il existe, rappelons-le, dans le patrimoine de l'emprunteur, soit la somme qu'il a reçue, soit la chose acquise par lui en remplacement avec les deniers d'emprunt.

Que se passe-t-il pour les prêts faits à l'État ? Rien ne serait plus aisé à constater si nous établissions le bilan de ce débiteur comme celui d'un débiteur ordinaire. Mais l'État emprunte, dépense et fait supporter sa dette par les contribuables. Ce n'est donc pas dans son patrimoine que se rencontrent les deniers qui lui ont été remis. Ils ne se retrouvent pas davantage dans les patrimoines des contribuables tenus pourtant de faire face aux charges de l'emprunt.

(Voir *infra : Enrichissement procuré par l'emploi des fonds empruntés*, p. 11.)

Dès lors, si on annule la créance et la dette, pour l'évaluation nette de l'ensemble des biens possédés par les redevables, il en résulte nécessairement une réduction du montant de la richesse générale de ces derniers. Plus l'État empruntera, plus cette diminution correspondante s'accentuera. Quant au capital prêté, il a été consommé et a disparu.

V. — *Modifications dans la composition des patrimoines au moment du remboursement, de l'amortissement ou de la conversion.*

L'État débiteur rembourse, supposons-le, une dette s'élevant en capital à 100 millions.

Cette somme ayant été rendue aux créanciers reparaîtra dans leur patrimoine, d'abord en numéraire, et, ensuite, en équivalent, suivant l'emploi qui en aura été fait. La dette à la charge des contribuables sera éteinte en même temps que la créance des capitalistes.

Admettons maintenant que l'État opère une conversion de la dette . .   100 millions
de rente annuelle sont ramenés à.   80   —

Différence. . . . .   20 millions.

Les crédirentiers auront exigé le remboursement ou accepté la conversion.

Dans le premier cas, il y a amortissement de la dette, ce qui produit un effet semblable à celui que nous venons d'examiner.

Dans le second, le capital nominal de la créance n'est pas diminué. Les arrérages seulement auront subi une réduction annuelle de 20 millions. Du côté des contribuables il y a dans la charge de la dette une atténuation annuelle de 20 millions. Ainsi les créanciers ne perdent rien sur leur capital; leur rente est seulement diminuée dans la proportion de 2/10.

Les redevables sont libérés dans la même proportion des 2/10 de la charge des arrérages. Ils se trouvent, dès lors, enrichis sans bourse délier, puisque la rente est réduite de 100 à 80 millions. Mais le même capital nominal que précédemment est à retrancher de la valeur des biens composant l'ensemble de leurs patrimoines, sauf compensation.

OBJECTIONS AU SYSTÈME DE LA COMPENSATION.

Nous avons encore à réfuter certaines objections à prévoir :

Enrichissement procuré par l'emploi des fonds empruntés. — L'État, par suite de l'usage qu'il a fait des deniers d'emprunt, a réussi, par exemple, à mieux garantir la sécurité intérieure et extérieure ; il a procuré de plus grands avantages matériels ou moraux et créé ou développé des services publics. Ne doit-on pas noter comme élément spécial d'actif l'enrichissement qui a pu en résulter ?

Je ne le crois pas, et la raison en est que les biens sont estimés à une valeur que nous supposons exacte et, par conséquent, en faisant la part de tout ce qui a pu exercer une influence quelconque sur la détermination de cette valeur. Il n'y a donc, à ce point de vue particulier, rien à ajouter ou à retrancher à l'évaluation. (Voir *supra*, p. 10 *in fine*.)

Rentiers étrangers non contribuables. — Les rentiers ne sont pas tous contribuables, les étrangers notamment. Comment la compensation pourra-t-elle s'opérer vis-à-vis d'eux ?

Admettons que pour un capital de rente sur l'État environ de . .   26 000 millions
les étrangers en possèdent 1/10ᵉ, soit . . . .   2 600   —

Il n'y aurait compensation que pour . . . .   23 400 millions.

Le surplus représentera un passif supplémentaire de 2 600 millions à la charge des contribuables et à déduire de la valeur de leurs biens, outre les 23 400 millions, capital des rentes sur l'État, pour lesquels nous avons admis la compensation avec la créance des crédirentiers.

Nous sommes créanciers, remarquons-le, d'une somme en réalité beaucoup plus forte que celle de 2 600 millions, en fonds d'États étrangers.

Les impôts autres que ceux dont le produit est affecté au service de la Dette publique ne doivent pas être capitalisés et déduits aussi de la valeur de l'ensemble des patrimoines des contribuables. — Sur 3 500 millions d'impôts.   3 500 millions
environ   800   —
sont affectés au paiement des arrérages de la rente ; le surplus se
trouve donc porté à . . . .   2 700 millions.

Cette somme n'est-elle pas à retrancher en capital du chiffre global des fortunes des redevables ?

La déduction de la rente sur l'État n'est exacte qu'à raison de ce qu'une charge d'égale importance est supportée par tous les contribuables, possesseurs de biens ou non. La réduction ainsi opérée des impôts applicables au service des arrérages de la rente, la différence, soit 2 700 millions, comprend des taxes qui ne correspondent à aucun actif spécial dans le patrimoine des personnes physiques ou morales. Tous les contribuables sont obligés de les acquitter ; mais nous ne trouvons nulle part un actif correspondant, en formant la contre-partie. Dira-t-on que, justement alors, notre évaluation de l'ensemble des biens existants doit être diminuée de l'importance de la charge de ces impôts ?

Remarquons tout d'abord que, si les 2 700 millions de taxes fiscales étaient capitalisés, la somme immense que l'on obtiendrait devrait figurer à l'actif de l'État et au passif des contribuables. Pourquoi créer une créance et une dette purement fictives que l'on n'a ni à exiger, ni à payer ? Mais l'impôt, qui se refuse à toute capitalisation, a forcément une répercussion sur la valeur des biens, et spécialement de ceux qui sont plus ou moins taxés. C'est pour cela, par exemple, que la rente française, que l'on a voulu favoriser, a été très faiblement imposée et qu'en ce moment la propriété immobilière à Paris subit une dépréciation sérieuse attribuée, en grande partie, à un surcroît de charges fiscales récemment édictées.

Du moment où l'on tient compte de l'impôt dans la fixation des cours et des prix, qui servent aussi de base à nos évaluations, on ne saurait, sans commettre une erreur manifeste, le déduire arbitrairement une seconde fois, après que les principaux intéressés ont effectué eux-mêmes la déduction nécessaire.

Si certains impôts indirects, comme les taxes de consommation, ne sont pas établis sur les biens des contribuables, doivent-ils entrer en ligne de compte dans nos évaluations ? — Une forte partie de nos impôts atteint les personnes plutôt que la fortune des contribuables, notamment les taxes de consommation. Mais, même pour ces taxes, il s'opère des incidences difficiles à déterminer relativement à la valeur des biens. Certains droits de cette nature réfléchissent sur l'industrie, le commerce, la propriété mobilière et immobilière. Quant à l'effet produit, il est nécessairement apprécié et mesuré comme pour tous les autres impôts, dans l'estimation donnée aux biens.

Il n'y a donc pas à chercher à établir des distinctions entre les différentes taxes, puisque le compte qu'on en ferait a été déjà dressé en vue des transactions et a servi, dès lors, à fixer nos évaluations.

Conclusions relatives aux créances sur l'État. — En définitive, *toutes les créances sur l'État français, bien que constituant une richesse certaine pour ceux qui les possèdent, ne peuvent être comprises dans l'estimation de l'ensemble des fortunes des contribuables. Il en est ainsi parce que ces créances sont contre-balancées par un passif d'égale importance, en apparence dû par l'État, mais qui, en réalité, est à la charge des redevables de l'impôt.*

Comme nous n'avons fait figurer, à titre de dette publique, que la rente au capital de 26 milliards, c'est cette somme dont je propose la déduction. Quant aux dettes viagères et à terme, n'en ayant pas fait état, la déduction se trouve opérée en fait, puisqu'elles ont été passées sous silence.

En résumé, compter les rentes sur l'État comme une richesse de l'ensemble des contribuables serait commettre un double emploi dans l'évaluation totale et nette de leurs biens.

ÉTAT CRÉANCIER.

Nous avons examiné les questions relatives aux dettes de l'État ; que faut-il décider au sujet de ses créances ?

La déduction doit être opérée de la valeur du patrimoine du débiteur. — Il n'y a pas de doute quand ces débiteurs sont des particuliers. J'ajoute qu'il en est de même en ce qui concerne les personnes morales — sauf les départements et les communes dont nous allons nous occuper.

§ 2. — Créances sur les départements et communes.

Nous réunissons ces deux personnes morales sous la même rubrique, parce que les questions à traiter par nous sont les mêmes pour l'une et pour l'autre.

Rappelons que le département et la commune ont chacun, comme l'État, un domaine public et un domaine privé. Nous ne cherchons pas à estimer l'importance des biens qui s'y trouvent compris, d'ailleurs peu productifs, si ce n'est pour certaines communes. Aussi les dépenses départementales et communales sont-elles surtout couvertes au moyen de l'impôt.

Quant aux emprunts contractés par ces personnes morales, ils sont, en définitive, à la charge des contribuables. Par suite, tout ce que nous avons dit à propos de la dette publique se trouve ici applicable. La créance et la dette se compensent.

Il paraît inutile de s'étendre davantage sur ce sujet longuement étudié à propos de l'État.

Si le département ou la commune sont créanciers, la dette est à déduire du patrimoine du débiteur ; cela va de soi pour les particuliers. Mais si ce débiteur est l'État ?

Nous trouvons alors tous les contribuables nationaux grevés au profit de l'être moral dont les biens sont en dehors de nos évaluations et, pour ce motif, la dette publique est à retrancher de l'estimation de tout ce que possèdent les contribuables.

Admettons maintenant que la commune soit débitrice de l'État. Les contribuables communaux sont tenus de satisfaire aux obligations contractées à cet égard et dont le montant doit être, dès lors, distrait de la valeur de leurs biens. Il y a lieu de raisonner et de conclure de même au sujet du département.

AUTORITÉS INVOQUÉES A L'APPUI DES OPINIONS EXPRIMÉES AU SUJET DES CRÉANCES DES PARTICULIERS SUR LES PERSONNES MORALES DE LA PREMIÈRE CATÉGORIE : *État, départements et communes.*

J'ai donné mes conclusions et développé les motifs sur lesquels elles me paraissent fondées à propos des créances sur l'État, les départements et les communes. Mais je tiens aussi à vous faire connaître l'avis exprimé, relativement à cette question, par plusieurs économistes jouissant à juste titre d'une grande autorité :

Adam Smith, *Richesse des nations*, t. II, Dettes publiques, p. 616 et suiv.;

J. B. Say, *Cours complet d'économie politique*, t. Ier, p. 17;

Joseph Garnier, *Traité des finances*, p. 228;

Léon Say et Chailley-Bert, *Nouveau Dictionnaire d'économie politique*, p. 758, voir *Richesse;*

De Foville, *Dictionnaire des finances* de Léon Say, voir *Richesse*, p. 1104.

« Lorsque c'est la fortune collective de la nation que l'on cherche à chiffrer, il ne faut pas plus parler de fonds d'État possédés par des nationaux que des créances hypothécaires ou autres existant de Français à Français. Tout cela se neutralise.

« Que si une partie de la dette a passé à l'étranger, il faut réduire d'autant l'actif national.

« Et ce que nous venons de dire des fonds d'État est également vrai des emprunts départementaux et communaux. »

Dans son *Traité d'économie politique* (t. Ier, p. 89), M. Leroy-Beaulieu s'exprime ainsi :

« Il faut distinguer les capitaux *individuels,* en quelque sorte subjectifs, et les capitaux au *point de vue de la nation* ou même au *point de vue universel.*

« Bien des choses sont des capitaux pour leur propriétaire, c'est-à-dire des richesses produisant un revenu ou susceptibles d'en produire un et ne sont pas des capitaux au point de vue national.

« Ainsi un titre de la dette publique est un capital au point de vue de la personne qui le possède, de même une hypothèque, une créance, un billet à ordre ; ce ne sont nullement là des capitaux au point de vue national. Ces droits sont simplement des assignations sur l'avoir d'autrui qui se trouve diminué d'autant. Les titres de la dette publique ne sont nullement un capital au point de vue national, parce que, si une partie de la nation, les rentiers, sont ainsi constitués créanciers, d'un autre côté, l'ensemble de la nation, *tous les contribuables,* sont constitués débiteurs de sommes strictement équivalentes.

« Les arrérages à payer pour les intérêts de la dette publique sont des assignations sur le revenu de l'ensemble des habitants du pays, lesquels perdent la disposition de tout ce qui leur est enlevé pour payer les rentiers. »

C'est à cette dernière opinion que je me suis rallié. M. Leroy-Beaulieu fait bien une distinction entre la fortune individuelle et la fortune nationale. Mais les raisons qu'il donne à l'appui de son opinion s'appliquent à la réunion des patrimoines de tous les particuliers ou mieux de tous les contribuables de la nation.

Enfin, reste un dernier avis — qui me paraît être le meilleur — c'est celui qu'indique le bon sens. Plus un État emprunte, plus il s'appauvrit, et plus il appauvrit les contribuables tenus de faire face à la dette publique.

DEUXIÈME CATÉGORIE.

§ 1er. — Créances sur les établissements publics et d'utilité publique.

Ces établissements fonctionnent avec les produits de leur patrimoine. Mais ils payent des impôts à l'État, aux départements et aux communes. Si nous faisons abstraction de leurs biens dans nos évaluations, pour n'envisager que les fortunes des personnes physiques, nous devons en retrancher la dette d'un particulier envers un établissement public.

Si nous réunissions, au contraire, les patrimoines de ces établissements à ceux des personnes privées pour en faire l'estimation totale, il faudrait compenser la créance et la dette.

Supposons qu'un établissement public soit débiteur envers un particulier, la créance sera retenue à notre compte dans la première hypothèse ; elle disparaîtra dans la seconde.

S'agit-il d'une créance sur l'État ?

1re hypothèse : Patrimoines des particuliers évalués isolément. Tous les contribuables doivent acquitter cette créance ; le capital est donc à déduire de l'actif brut de la fortune totale des redevables de l'impôt.

2e hypothèse : Réunion de la fortune des particuliers et des établissements publics. On opérera par compensation.

Il existe les mêmes raisons de décider pour les rapports d'obligation concernant les départements et les communes.

Quant à la créance ou à la dette d'un établissement public sur ou envers un autre, la question se résout par la compensation.

§ 2. — Créances sur les associations diverses.

Ces associations ont la personnalité civile par suite d'une autorisation législative, gouvernementale ou en vertu du droit commun. Mais elles ne constituent pas des sociétés, à raison notamment de ce qu'elles n'ont pas été constituées en vue de réaliser des bénéfices (C. civ., art. 1833).

Le nombre de ces associations grandit sans cesse. Les objets qu'elles poursuivent sont de plus en plus variés ; mais leurs biens ne sont pas, jusqu'à présent, d'une très grande importance. Relativement à ces associations, les questions examinées à propos des *établissements publics* se posent aussi et les solutions que nous avons données leur sont entièrement applicables. Vous trouverez, sans doute, inutile d'insister à cet égard.

TROISIÈME CATÉGORIE.

SOCIÉTÉS.

Les sociétés commerciales ou civiles sont constituées par actions ou à parts d'intérêt. Elles ont la personnalité juridique.

Pendant la durée de la société, l'être moral est seul propriétaire de tout le fonds social, sur lequel les associés n'ont qu'un droit incorporel mobilier (C. civ., art. 529) représenté par l'action ou la part d'intérêt. Ce droit procure à chacun des intéressés, sa part dans les bénéfices distribués, et le rend, à la dissolution de la société, copropriétaire indivis de tout ce qui constitue l'actif.

Les sociétés de capitaux ou de personnes ont un patrimoine qui doit leur permettre de se suffire. Loin de profiter du secours de l'impôt, elles sont, au contraire, redevables du Trésor. A ce titre, elles se trouvent dans une situation semblable à celle des établissements publics et des associations. Mais elles en diffèrent notamment en ce que leur but est de réaliser des bénéfices. En outre, elles font partie, sous forme d'actions ou de parts d'intérêt, des biens appartenant aux associés. A l'inverse, l'intérêt pécuniaire n'est ni de l'essence, ni même l'objet principal des établissements publics et des associations, et le patrimoine de ces personnes morales est étranger à celui des personnes physiques qui n'ont à cet égard aucun droit incorporel ou de copropriété.

Chaque année, les sociétés dressent un bilan faisant ressortir, d'un côté, les divers éléments du fonds social avec les évaluations nécessaires et, d'un autre côté, les indications du passif qui en forme, en quelque sorte, la contre-partie.

Pour apprécier les droits des associés et des créanciers, c'est le passif social qui, à l'exclusion du fonds social, est seul à considérer ; nous l'examinerons tout d'abord.

§ 1ᵉʳ. — Passif social.

Les actions inscrites à ce passif représentent une valeur nette, parce que leur montant nominal repose sur l'estimation correspondante des biens portés à l'actif.

Pour les obligations d'émissions, comme pour les autres dettes de la société, il en est de même. Elles constituent au profit des créanciers une valeur nette, gagée aussi sur le fonds social qui se trouve en dehors de nos évaluations. Nous nous trouvons donc en présence de créances échappant à la compensation, contrairement à la règle générale que nous avons précédemment tracée. Nous ne rencontrons de situation semblable ni pour les patrimoines des particuliers, ni pour ceux de l'État, des départements et des communes, des établissements publics et des associations diverses.

Relativement aux particuliers, du moment où nous comptons la valeur de tous leurs biens, il faut nécessairement en déduire le passif pour obtenir une valeur nette.

L'État, les départements et les communes n'établissent pas de bilan et, d'ailleurs, en empruntant, ces personnes morales n'agissent, nous le savons, que comme intermédiaires ; la dette par elles contractée est à la charge des contribuables. Nous arrivons donc à considérer, d'une part, les créanciers et, d'autre part, les débiteurs véritables, et nous concluons à la compensation de la créance et de la dette.

Au sujet des établissements publics et des associations, l'être moral possède des biens sur lesquels les personnes physiques ou morales n'ont aucun droit incorporel ou de copropriété. Je rappelle ce que nous avons dit à propos des rapports d'obligation les concernant. Suivant que les biens de ces personnes morales sont compris ou non dans nos évaluations, il y a lieu à compensation ou à déduction.

Pour les sociétés, les actions, les parts d'intérêt, les obligations et créances diverses figurant au passif constituent des valeurs nettes dans le patrimoine de ceux qui les possèdent, parce que les biens qui forment le gage de ces valeurs sont exclus de nos estimations.

A l'égard des dettes des particuliers ou des personnes morales envers les sociétés, comme nous ne tenons pas compte des fonds sociaux, aucune compensation ne peut être opérée à leur sujet et ces dettes sont, par conséquent, à retrancher de la valeur du patrimoine des débiteurs.

Quant aux créances des sociétés sur l'État, les départements et les communes, la déduction est à faire de l'estimation des biens possédés par les contribuables. Pour la même raison que précédemment, il ne peut y avoir lieu à compensation.

S'agit-il de la créance d'une société sur une autre société ? La créance est balancée par le passif de la société débitrice dont la dette se trouve gagée par le fonds social. Les biens n'étant pas comptés, on n'a rien à ajouter ni à retrancher d'aucune part.

<h3 style="text-align:center">§ 2. — Fonds social.</h3>

Admettons qu'on évalue tous les biens compris dans le fonds social, sauf à opérer les compensations nécessaires à raison de tout le passif de la société.

En suivant cette méthode, nous ferions rentrer l'actif, d'après la nature des biens qui le composent, dans les différentes catégories de notre relevé. Mais, par voie de conséquence, les actions, obligations et créances diverses, qui en forment la contrepartie, ne devraient plus être comptées. On les remplacerait par les biens qui en sont le gage. Nous appliquerions ainsi la règle générale que nous avons tracée au début de notre étude pour les particuliers. La créance des ayants droit se trouverait compensée avec la dette sociale et il resterait à comprendre dans nos évaluations ce qui constitue le patrimoine de la société débitrice. L'opération, ainsi effectuée, reposerait sur des bases assurément exactes.

Elle aurait, peut-être, l'avantage de moins nous exposer à faire figurer sur notre relevé des immeubles et des meubles qui, d'après le premier système, doivent rester complètement en dehors de nos comptes et alors que la distinction entre les biens, appartenant les uns aux particuliers, les autres aux sociétés, est souvent très malaisée à établir.

Mais on se trouverait, sous le rapport de la constatation de ces biens, en présence de très nombreuses et graves complications, même pour les sociétés anonymes, qui, cependant, dressent des bilans et les publient généralement, surtout quand elles sont importantes.

Il est plus simple et plus commode de faire état des actions et obligations dont la valeur est, d'ailleurs, constamment suivie au moyen de la cote de la Bourse. Ce sont, au surplus, ces biens et non le fonds social que possèdent les ayants droit.

§ 3. — Sociétés à parts d'intérêt.

Quant aux sociétés à parts d'intérêt, nous sommes dans l'inconnu pour déterminer la nature et l'importance de leur actif aussi bien que de leur passif. A cet égard, un travail des plus sérieux reste entièrement à effectuer ; il présente, à la vérité, de grandes difficultés d'exécution, car les documents à consulter sont rares et il est peu aisé d'en obtenir la communication.

Les sociétés dont il s'agit sont plus nombreuses que les autres ; elles possèdent, dans l'ensemble, un fonds social d'une immense valeur et les parts d'intérêt représentent, en totalité, un capital d'une importance considérable. Pour en donner une idée, je signalerai que de 1897 à la fin de 1902, c'est-à-dire en six ans, on en a créé, à Paris seulement, 11 274 et que les apports se sont élevés à 1 577 millions.

Des recherches dans le même sens, surtout auprès des tribunaux de commerce, pourraient fournir de précieux renseignements.

En tout cas, il est fort regrettable que, pour le moment, nous ne possédions aucune estimation des parts d'intérêt et que nous devions nous borner à supposer que la valeur en est de plusieurs milliards. Pour le surplus, une obscurité à peu près complète règne sur la composition de l'actif et du passif de ces sociétés.

Biens à l'étranger possédés par des Français.

Tout ce que les Français, personnes physiques ou morales, possèdent à l'étranger en meubles incorporels ayant une répercussion sur le patrimoine d'autrui, doit rentrer dans nos évaluations. Par conséquent, les fonds d'État, les actions, parts d'intérêt, obligations et créances diverses sont à comprendre dans nos évaluations.

Au contraire, on a à déduire les biens de même nature dont les étrangers sont propriétaires dans notre pays.

Il ne paraît pas nécessaire d'insister à ce sujet ; les développements à fournir nous entraîneraient trop loin.

Biens dans les colonies françaises.

Du moment où nous ne nous occupons que des biens en France, ce que nous venons de dire à propos de l'étranger est applicable aux colonies françaises.

OBSERVATIONS GÉNÉRALES ET CONCLUSIONS.

Les indications que nous avons données pour prévenir les doubles emplois dans l'évaluation nette de l'ensemble des biens appartenant aux particuliers ont, ce semble, une certaine utilité. Mais l'évaluation dont il s'agit n'est pas encore faite. Notre étude nous amène cependant à reconnaître que la richesse nette attribuée à l'ensemble des personnes physiques est moins grande qu'on ne le croit généralement. Il y a, en effet, à en retrancher des biens considérables, tels que les immeubles appartenant aux personnes morales, les créances sur les particuliers, l'État, les départements et les communes, et les biens composant les fonds sociaux.

D'un autre côté, on n'a pu tenir compte, jusqu'à présent, des parts d'intérêt. C'est une lacune à combler: Il y a là un actif réel dont le chiffre, très important, doit grossir le patrimoine des associés.

Quoi qu'il en soit, si nous avons surtout fait ressortir les déductions à opérer, ce qui reste comme fortune réelle des particuliers a une immense valeur.

Nous sommes aussi conduits à constater la grande utilité qu'offrirait un travail de statistique établissant la consistance et l'estimation de ce que possèdent les personnes physiques et morales.

Pour ces dernières, il y aurait lieu de les grouper par catégories suivant leur nature et leur constitution, en observant les classifications juridiques autant que possible.

Quand on aurait ainsi dressé le bilan général de la richesse en France, on pourrait en suivre les modifications, les accroissements et les diminutions relatifs à certains biens et à certains groupements dans les patrimoines.

On se rendrait alors mieux compte de l'influence exercée à ce point de vue par les faits et événements financiers, économiques et politiques, non seulement en France, mais aussi à l'étranger.

L'œuvre à accomplir serait certainement longue, compliquée et difficile. Mais si on parvenait à l'exécuter, même avec certaines imperfections inévitables, surtout au début, on obtiendrait encore un résultat des plus profitables à la science et aux intérêts du pays.

Les règles que j'ai cherché à tracer relativement à la manière de compter certains biens serviront peut-être à ceux qui se livreront à ce grand travail. Je remercie en tout cas vivement la Société de statistique d'avoir bien voulu me permettre d'exposer, dans une de ses réunions, mes vues à cet égard.

Nancy, imp. Berger-Levrault et Cie.